Cornelia Adam

Statt Breakfast und Lunch

Brunch

FALKEN

Vorwort

Brunch – so heißt das Sonntagsvergnügen für Spätaufsteher. Ab etwa 10 Uhr trifft man sich und genießt in aller Ruhe, bis in den frühen Nachmittag hinein, ein üppiges Frühstück mit allem Drum und Dran. Und weil's zum Brunch viele kulinarische Köstlichkeiten gibt, kann das warme Mittagessen ruhig ausfallen. Diesem Umstand verdankt der Brunch übrigens auch seinen Namen. Im klassischen Frühstücksland England entstand der Name „brunch" aus „breakfast" und „lunch", also Frühstück und Mittagessen. Bei uns haben clevere Gastronomen den Trend längst erkannt und bieten an Sonn- und Feiertagen ein großes Brunchbuffet an. Man kann sich nach Herzenslust durch Pasteten, saftige Gemüsequiches, Braten, Eierspeisen, Sülzen, Kuchen und viele andere warme und kalte Leckerbissen schlemmen. Inzwischen ist dies so beliebt, daß ohne frühzeitige Tischreservierung kein Platz mehr zu bekommen ist.

Ein Grund mehr, seine Freunde nach Hause einzuladen oder ein Familienfest einfach mal als Brunch zu feiern.

Ich habe Ihnen eine große Auswahl von Brunchdelikatessen zusammengestellt, die Sie natürlich beliebig kombinieren können. Eines haben alle gemein: Sie lassen sich gut vorbereiten. Dies ist ganz wichtig, denn schließlich möchte man ja als Gastgeber nicht schon zu nachtschlafender Zeit aufstehen, sondern den Brunch ohne Streß mit seinen Gästen genießen. Um dies zu garantieren, finden Sie in diesem Buch viele nützliche Tips, so daß bestimmt alles wie am Schnürchen klappt. Sie werden sehen, Ihre Gäste werden sich so wohlfühlen, daß sie sicher noch am späten Nachmittag gemütlich versammelt sind – dafür sollte man auf jeden Fall eine Getränkeauswahl im Kühlschrank bereithalten.

Ich wünsche Ihnen Spaß beim Zubereiten und viel Freude beim Genießen.

Inhalt

Brunch – das gesellige Frühstücksvergnügen

Überraschen Sie Ihre Freunde und Bekannten am Wochenende, an einem Feiertag oder zur Urlaubszeit mit einer Einladung zum Brunch. Besonders für Familien mit Kindern ist dies eine ideale Form des Beisammenseins – es läßt sich beim gemütlichen Frühstück gut plaudern, und auch die kleinen Gäste haben bestimmt ihren Spaß dabei.

Die Organisation eines Brunch

Brunch, die Kombination von Frühstück und Mittagessen, ist sehr gastgeberfreundlich. Einfach deshalb, weil man die Gerichte wunderbar vorbereiten kann und dadurch Zeit für seine Gäste hat.
Daß alles ohne Streß abläuft, ist natürlich eine Frage der Organisation. Die nachfolgenden Tips sollen Ihnen bei den Vorbereitungen helfen. Es beginnt mit der Einladung. Zuerst muß man überlegen, wann das Fest steigen soll und wen man dazu einladen möchte. Die zum Anlaß passend gestalteten Einladungskarten sollten rechtzeitig, etwa zwei Wochen im voraus, verschickt werden, oder man lädt telefonisch ein. Bitten Sie um eine Antwort, um einschätzen zu können, wieviele Personen wirklich kommen. Sehr hilfreich erweist sich eine Checkliste. Das klingt zwar sehr bürokratisch, ist aber wirklich nützlich, um die vorbereitenden Arbeiten so einzuteilen, daß keine Hektik entsteht. Erledigtes wird abgehakt.

Findet ein Brunch in großer Runde oder im Freien statt, sollten Sie Tische, Stühle, Tischwäsche, Sonnenschirme, Geschirr, Gläser und Besteck bei einer Verleihfirma bestellen. Alles wird geliefert und auch wieder abgeholt.
Die Auswahl der Speisen ist der nächste Schritt der Planung. Neben den Brunchspezialitäten gibt's alles, was auch auf einem Frühstückstisch steht. Ist die Auswahl getroffen, kann man eine Einkaufsliste zusammenstellen. Getränke und Haltbares sollten Sie rechtzeitig besorgen, frische Lebensmittel kauft man erst einen Tag vorher ein. Denken Sie auch frühzeitig an Bestellungen. Den Blumenschmuck kann man schon einige Zeit vorher aussuchen und am Vortag oder am Tag der Veranstaltung bringen lassen. Auch Brot und Gebäck, soweit es nicht aus dem eigenen Backofen kommt, bestellt man im voraus. Wählen Sie am besten eine breite Palette mit Vollkorn-, Holzofen- und Weißbrot sowie Brötchen aus. Hier sind die kleinen Partybrötchen besonders bei Kindern beliebt. Auch Croissants und Hörnchen – beide lassen sich gut aufbacken –, einen Kuchen oder süße Gebäckteilchen sollten Sie anbieten.
Was die Getränke angeht, so kann man Kaffee und Tee gut im voraus einkaufen. Denken Sie auch an koffeinfreien Kaffee. Bei Tee sollten Sie mindestens zwei Sorten bereithalten, zum Beispiel einen eleganten Darjeeling und einen blumigen Earl Grey. Früchte- und Kräutertees (sie schmecken im Sommer auch eisgekühlt sehr gut) sowie aromatisierte Mischungen werden von vielen am Morgen gern getrunken. Auch Kakao darf nicht fehlen, besonders, wenn Kinder mit von der Partie sind.
Sekt oder Champagner sollte besonders bei einem edlen Brunch gut gekühlt bereitstehen. Es ist zu empfehlen, auch einige Flaschen eines leichten Weißweines und Bier kalt zu stellen, denn ein Brunch kann lange dauern! Ebenso wie zu einem Frühstück gehören Butter, diverse Brotaufstriche und -beläge auf das Brunchbuffet.
Reicht Ihre Zeit nicht, um Marmeladen selbst herzustellen, kaufen Sie zwei bis drei Sorten. Man kann sie leicht mit Alkohol, frisch ge-

schnittener Minze oder Zitronenmelisse sowie Pinienkernen und Sesam verfeinern. Bei Honig reichen zwei Sorten aus, zum Beispiel ein kräftiger Tannen- oder Thymianhonig und ein zarter Blütenhonig.
Stellen Sie für die Liebhaber pikanter Brotbeläge eine Käseauswahl zusammen, zum Beispiel mit Emmentaler, Camembert, Edelpilzkäse und einem Kräuter- oder Knoblauchfrischkäse.
Auf einer Wurst- und Schinkenplatte können Sie zum Beispiel Salami, Parmaschinken, kräftigen Schwarzwälder Schinken, herzhafte Leber- und Cervelatwurst, geräucherte Putenbrust und dünn aufgeschnittenen Kasseler dekorativ anrichten.
Auch Joghurt und cremig gerührter Quark sollten auf der Tafel stehen.
Frisches Obst der Saison, einfach so zum Reinbeißen oder für ein Müsli vorbereitet, ist beliebt und schön anzusehen.
Müslis kann man bereits fertig zubereitet oder zum Selbermachen anbieten. Dazu stellt man eine Auswahl an Getreideflocken, Früchten, eventuell Leinsamen, Sesam, Nüssen und Mandeln zusammen.
Zwei Tage vorher kann man bereits einige Speisen, wie Pasteten, Terrinen und Aufstriche, zubereiten, die durchziehen müssen und sich im Kühlschrank gut frischhalten.
Am Vortag müssen die frischen Lebensmittel und alle bestellten Dinge geholt werden. Man kann auch bereits am Vorabend den Tisch decken. Besonders wenn viele Gäste erwartet werden ist es praktisch, das Brunchbuffet in der Küche aufzubauen. Hier kann man zum Beispiel einen Korb mit Orangen und Grapefruits neben die Saftpresse stellen, und jeder bereitet seinen Saft selber zu.
Nehmen Sie sich ausreichend Zeit für die Vorbereitungen. Probieren Sie neue Rezepte vorher aus, denn nichts ist unangenehmer, als kurz vor Eintreffen der Gäste noch hektisch ein neues Gericht zubereiten zu müssen. Schließlich soll der Brunch für Sie und Ihre Gäste ein entspannendes Vergnügen sein.

Verschiedene Grundzubereitungen

Blitzcroissants

Für ca. 12 Stück
Zubereitungszeit: ca. 25 Min.
Backofen auf 200° C vorheizen
Backzeit: ca. 20 Min.
Pro Stück 165 kcal/690 kJ

450 g TK-Blätterteig
Mehl für die Arbeitsfläche
2 Eigelb
2 EL süße Sahne

1. Den Blätterteig auftauen lassen.
2. Die Platten sich leicht überlappend auf eine bemehlte Arbeitsfläche legen und zu einem Rechteck von etwa 50 x 30 Zentimetern ausrollen. Entlang eines Lineals etwa 12 gleichschenklige Dreiecke schneiden.
3. Die Dreiecke von der Breitseite her aufrollen und auf ein mit kaltem Wasser abgespültes Blech setzen.
4. Die Eigelbe mit Sahne verquirlen und die Croissants damit bestreichen.
5. Bei 200 °C 15 bis 20 Minuten goldgelb backen und frisch servieren.

Pikantes Nussbrot

Für 1 Brot à ca. 800 g
Zubereitungszeit: ca. 20 Min.
Backofen auf 200° C vorheizen
Backzeit: ca. 1¼ Std.
1 Brot ca. 3015 kcal/12 600 kJ

300 g gehackte Zwiebeln
100 ml Walnußöl
300 g Weizenmehl Type 1050
3 TL Backpulver, 5 Eier
100 g frisch geriebener Parmesankäse
gemahlener schwarzer Pfeffer
2 EL grob gehackte Walnüsse
Fett für die Form

1. Die Zwiebeln in der Hälfte des Öls glasig braten und abkühlen lassen.
2. Das Mehl mit Backpulver, restlichem Öl, Eiern und Zwiebeln zu einem geschmeidigen Teig kneten. Käse und Walnüsse untermischen und pfeffern.
3. Eine Kastenform (30 cm lang) einfetten, den Teig hineingeben und bei 200 °C etwa 1 Stunde, dann bei 180 °C weitere 15 Minuten backen. Auskühlen lassen.

Müsli

Für 1 Portion
Zubereitungszeit: ca. 15 Min.
Eventuell über Nacht quellen mit Milch, Buttermilch, Kefir oder Joghurt
ca. 495 kcal/2070 kJ
mit Sahne ca. 555 kcal/2320 kJ

4 EL Hirse-, Hafer- oder Dinkelflocken oder über Nacht eingeweichtes Weizenschrot
150 ml Milch, Buttermilch oder Kefir oder
50 g süße Sahne
100 g Beeren oder anderes klein geschnittenes Obst der Saison
1 EL Nüsse, Mandeln, Sonnenblumenkerne, Sesam, Leinsamen oder Kokosflocken
nach Belieben 1 EL Honig
Minze oder Zitronenmelisse

Alle Zutaten kurz vor dem Eintreffen der Gäste mischen und mit Minze oder Melisse dekorieren. Oder alles getrennt in Schälchen auf das Brunchbuffet stellen, so daß jeder selbst sein Müsli zubereiten kann.

Quark-Mischungen

Für jeweils 4 Portionen
Zubereitungszeit: ca. 10 Min.
Pikanter Quark
ca. 210 kcal/880 kJ
Obstquark
ca. 315 kcal/1315 kJ

Pikanter Quark

- *500 g Speisequark (20% Fett i. Tr.)*
- *250 g Magerquark*
- *3 EL Milch*
- *1 gehäutete, fein gewürfelte Fleischtomate*
- *½ Bund Frühlingszwiebeln, in feinen Ringen*
- *Salz, gemahlener Pfeffer*

Den Quark mit Milch glattrühren und mit allen weiteren Zutaten mischen.

Obstquark

- *300 g Beeren der Saison*
- *3 EL Honig, Zitronensaft*
- *3 EL geröstete Sonnenblumenkerne*
- *Quark-Milch-Mischung (siehe oben)*

Die Beeren verlesen, waschen und mit allen weiteren Zutaten und dem Quark mischen.

Buttervarianten

Für jeweils 4 Portionen
Zubereitungszeit: ca. 10 Min.
Kräuterbutter
ca. 245 kcal/1025 kJ
Walnuß-Sesam-Butter
ca. 290 kcal/1210 kJ

Kräuterbutter

- *3 Knoblauchzehen*
- *1 Bund glatte Petersilie*
- *1 Bund Basilikum*
- *125 g weiche Butter*
- *Salz, gemahlener Pfeffer*

1. Den Knoblauch schälen und durch die Presse in eine Schüssel drücken.
2. Die Kräuter abbrausen, fein hacken. Alle Zutaten sorgfältig mischen.

Walnuß-Sesam-Butter

- *2 EL fein gehackte Walnüsse*
- *1 EL gerösteter Sesam*
- *2 TL Tomatenmark*
- *125 g weiche Butter*
- *Salz, gemahlener Pfeffer*

Alle Zutaten sorgfältig verrühren und mit Salz und Pfeffer würzen.

Rund ums Ei

1 Ei ca. 80 kcal/335 kJ

Gekochte Eier
Legen Sie Eier stets in kochendes Wasser. Nach 2 bis 3 Minuten sind sie weich, nach 5 bis 6 Minuten wachsweich und nach etwa 10 Minuten hart gekocht. Die Eier nach dem Kochen mit kaltem Wasser abschrecken, dann lassen sie sich leichter pellen.

Spiegeleier
Etwa 1 Eßlöffel Butter in einer Pfanne schmelzen, das Ei über der Pfanne aufschlagen und bei geringer Hitze stocken lassen und leicht salzen.

Rühreier
Für 1 Portion schlägt man 2 Eier in eine Schüssel und verquirlt sie so lange, bis sich die Eiweiße und die Eigelbe gut miteinander verbunden haben. Mit Salz und Pfeffer würzen und in eine Pfanne mit geschmolzener Butter gießen. Bei milder Hitze unter Wenden stocken lassen.

BUNTER OSTER-BRUNCH

Auf dem Brunchbuffet zu Ostern darf es richtig bunt zugehen, mit farbiger Tischdecke, frischen Frühlingsblumen und gefärbten Eiern. Und weil es von letzteren so viele zu Ostern gibt, haben wir einige Rezepte dafür eingeplant, zum Beispiel die pikante Eiercreme. Darüber hinaus finden Sie im folgenden Kapitel eine Reihe von Gerichten, die besonders Kinder gerne mögen, denn Ostern ist ja vor allem ihr Fest. Wir haben daran gedacht, daß man vieles einfach aus der Hand essen kann, wie die Mandel-Hack-Bällchen oder die Minibrioches, denn das macht Großen und Kleinen Spaß.

(Gefüllte Teigtaschen, Rezept S. 12)

Gefüllte Teigtaschen

Für ca. 20 Stück
Zubereitungszeit: ca. 50 Min.
Backofen auf 200 °C vorheizen
Backzeit: 20–25 Min.
Pro Stück ca. 120 kcal/510 kJ

1 mittelgroße Zwiebel
2 EL Butter
1 Knoblauchzehe
100 g Rosinen
200 g gemischtes Hackfleisch
Salz
gemahlener schwarzer Pfeffer
1 Prise Cayennepfeffer
1 Bund glatte Petersilie
1 EL Paniermehl
1 Ei
1 Eigelb
1 Paket TK-Blätterteig (400 g)
Eigelb zum Bestreichen

1. Die Blätterteigplatten auftauen lassen.
2. Die Zwiebel schälen, fein hacken und in einer Pfanne in heißer Butter glasig braten. Die geschälte Knoblauchzehe durch die Presse dazudrücken.
3. Die Rosinen und das Hackfleisch hinzufügen und unter Rühren braten, bis das Hackfleisch krümelig ist. Mit Salz, Pfeffer und Cayennepfeffer würzen.
4. Die Petersilie abspülen, hacken, unter die Hackfleischmasse ziehen und diese abkühlen lassen. Das Paniermehl, das Ei und das Eigelb unterrühren.
5. Die Blätterteigplatten sich leicht überlappend nebeneinanderlegen und dick ausrollen. Kleine Quadrate (ca. 8 x 8 cm) ausschneiden. Je etwa einen Eßlöffel Füllung in die Mitte setzen und die Teigplatte so zusammenklappen, daß kleine Dreiecke entstehen. Die Ränder mit einer Gabel gut zusammendrücken.
6. Die Täschchen auf ein mit kaltem Wasser abgespültes Blech setzen und mit dem verquirlten Eigelb bestreichen. Bei 200 °C 20 bis 25 Minuten backen und heiß oder kalt servieren.
(auf dem Foto S. 10: vorn)

Variation

Sie können die Teigtaschen statt mit Fleisch auch gut mit gedünstetem Gemüse füllen. Wir schlagen als Beispiel eine Lauch-Karotten-Füllung vor.
Sie benötigen dafür eine Stange Lauch, eine Karotte, wenig Butter, 250 Gramm Magerquark, drei Eigelbe, Salz und Pfeffer. Der Lauch wird sorgfältig gewaschen und in feine Ringe, die Karotte in dünne Scheiben geschnitten. Dünsten Sie das Gemüse in wenig Butter an, es sollte noch bißfest sein. Verrühren Sie nun den Magerquark mit den Eigelben, mischen dies mit dem abgekühlten Gemüse und schmecken das Ganze mit Salz und Pfeffer ab. Die Füllung wird auf die ausgeschnittenen Teigplatten gegeben, die weitere Zubereitung der Teigtaschen erfolgt wie in dem Rezept oben beschrieben.

Schinkencreme

Für 4–6 Portionen
Zubereitungszeit: ca. 15 Min.
Kühlzeit: ca. 2 Std.
ca. 265 kcal/1125 kJ

200 g Doppelrahmfrischkäse
3 EL süße Sahne
200 g gekochter Schinken
Salz
gemahlener weißer Pfeffer
frisch geriebene Muskatnuß
etwas Zitronensaft
2 Bund Schnittlauch

1. Den Frischkäse mit der Sahne verrühren.
2. Den Schinken vom Fettrand befreien und mit der Frischkäse-Sahne-Mischung im Mixer pürieren.
3. Das Püree mit Salz, Pfeffer, frisch geriebener Muskatnuß und etwas Zitronensaft kräftig abschmecken.
4. Den Schnittlauch abspülen, fein schneiden und bis auf 2 Eßlöffel unter das Püree ziehen. Die Schinkencreme mindestens 2 Stunden kalt stellen.
5. Von der Schinkencreme mit einem angefeuchteten Eßlöffel Nocken abstechen, auf eine Platte setzen und den restlichen Schnittlauch darüberstreuen.
(auf dem Foto rechts)

Canapés mit Salamicreme

Für 4 Portionen
Zubereitungszeit: ca. 25 Min.
ca. 495 kcal/2075 kJ

200 g Salamischeiben
1 kleine Knoblauchzehe
200 g Doppelrahmfrischkäse
Salz
gemahlener schwarzer Pfeffer
etwas gerebelter Oregano
etwas Zitronensaft
¼ rote Paprikaschote
4 Scheiben Toastbrot
½ Bund Petersilie

1. Die Salami fein schneiden. Den Knoblauch schälen. Beides im elektrischen Zerhacker oder mit einem scharfen Messer sehr fein hacken.
2. Mit dem Frischkäse verrühren. Die Creme mit Salz, Pfeffer, Oregano und Zitronensaft kräftig abschmekken und kalt stellen.
3. Die Paprikaschote sehr fein würfeln und zum Garnieren beiseite stellen.
4. Das Toastbrot rösten und aus den Scheiben 16 etwa fünfmarkstückgroße Taler ausstechen.
5. Die Creme in einen Spritzbeutel füllen und dekorativ auf die Brottaler spritzen. Mit den Paprikawürfelchen und der Petersilie garnieren.
(auf dem Foto oben: rechts)

Pikante Eiercreme

Für 4 Portionen
Zubereitungszeit: ca. 30 Min.
Kühlzeit: ca. 1 Std.
ca. 275 kcal/1150 kJ

8 hart gekochte Eier
1 mittelgroße Zwiebel
1 Knoblauchzehe
2 EL Kapern
5 Cornichons
1 kleine grüne Paprikaschote
4 EL Mayonnaise
1 EL Senf
Salz
gemahlener weißer Pfeffer
1 Msp. Cayennepfeffer

1. Die Eier abkühlen lassen und pellen. Mit dem Eierschneider einmal längs und einmal quer in Würfel schneiden.
2. Die Zwiebel und den Knoblauch schälen und sehr fein hacken. Die Kapern und die Cornichons ebenfalls fein hacken.
3. Die Paprikaschote waschen, putzen und sehr fein würfeln. Bis auf 2 Eßlöffel mit den anderen Zutaten mischen.
4. Die Mayonnaise und den Senf hinzufügen und alles gut verrühren.
5. Die Masse mit Salz, Pfeffer und Cayennepfeffer kräftig abschmecken und in ein Schälchen füllen. Die restlichen Paprikawürfelchen darüberstreuen und etwa 1 Stunde kalt stellen.
(auf dem Foto oben: links)

Käsekugeln mit Mandeln

Für 4 Portionen
Zubereitungszeit: ca. 15 Min.
ca. 365 kcal/1535 kJ

400 g Doppelrahmfrischkäse
1 EL Crème fraîche
2 Schalotten
1 Knoblauchzehe
1 Bund Petersilie
1 Msp. Cayennepfeffer
Salz
gemahlener weißer Pfeffer
Mandelblättchen

1. Den Frischkäse mit der Crème fraîche zu einer cremigen Masse verrühren.
2. Die Schalotten schälen, fein hacken und hinzufügen. Die Knoblauchzehe schälen und durch die Presse dazudrücken.
3. Die Petersilie abspülen, die Blättchen von den Stengeln zupfen, fein hacken und dazugeben. Alles sehr gut mischen und mit Cayennepfeffer, Salz und Pfeffer kräftig würzen.
4. Nochmals gut mischen und mit angefeuchteten Händen aus der Masse etwa kastaniengroße Kugeln formen. Diese vorsichtig in Mandelblättchen wälzen und auf eine Platte setzen.
(auf dem Foto unten)

Mandel-Hack-Bällchen

Für 4–6 Portionen
Zubereitungszeit: ca. 20 Min.
ca. 705 kcal/2970 kJ

- *1 altbackenes Brötchen*
- *2 mittelgroße Zwiebeln*
- *3 EL Butter*
- *500 g gemischtes Hackfleisch*
- *350 g gemahlene Mandeln*
- *1 Ei*
- *1 Eigelb*
- *Salz*
- *gemahlener schwarzer Pfeffer*
- *Pastetengewürz*
- *Fett zum Braten*

1. Das Brötchen einweichen. Die Zwiebeln schälen, fein hacken, in heißer Butter glasig braten und abkühlen lassen.
2. Das Hackfleisch mit den Zwiebeln, den Mandeln, dem Ei und dem Eigelb in eine Schüssel geben. Das Brötchen sehr gut ausdrükken und hinzufügen. Alles zu einem Fleischteig kneten und mit den Gewürzen kräftig abschmecken.
3. Mit angefeuchteten Händen aus dem Teig tischtennisballgroße Kugeln formen und portionsweise in heißem Fett braten, dabei immer an der Pfanne rütteln, damit die Bällchen gleichmäßig Farbe nehmen.
4. Die Bällchen warm oder kalt nach Belieben mit Senf und geriebenem Meerrettich servieren.
(auf dem Foto: oben)

Marinierte Hühnerkeulen

Für 4–6 Portionen
Zubereitungszeit: ca. 40 Min.
Marinierzeit: ca. 1 Std.
Backofen auf 200 °C vorheizen
ca. 215 kcal/905 kJ

- *6 EL Tomatenmark*
- *3 Knoblauchzehen*
- *2 EL Honig*
- *Salz*
- *gemahlener schwarzer Pfeffer*
- *1 TL gerebelter Thymian*
- *1 EL Olivenöl*
- *8 Hühnerkeulen*

1. Das Tomatenmark in einen Topf geben. Den Knoblauch schälen und durch die Presse dazudrücken. Den Honig unterrühren und alles bei milder Hitze erwärmen. Salz, Pfeffer, Thymian und Olivenöl unterrühren.
2. Die Hühnerkeulen nebeneinander auf ein mit Alufolie (glänzende Seite nach oben) ausgelegtes Backblech legen. Gleichmäßig mit der Marinade bepinseln und mindestens 1 Stunde ziehen lassen.
3. Im Backofen bei 200 °C auf der mittleren Schiene etwa 30 Minuten garen. Falls nötig, mit Alufolie abdecken. Die Hühnerkeulen noch heiß oder abgekühlt servieren.
(auf dem Foto: unten)

Avocadodrink

Für 1 Portion
Zubereitungszeit: ca. 10 Min.
ca. 310 kcal/1300 kJ

- *½ kleine reife Avocado*
- *1 EL Zitronensaft*
- *¼ l Buttermilch*
- *1 Prise frisch geriebene Muskatnuß*
- *1 TL fein gehackte Pistazien zum Bestreuen*
- *1 Zweig Zitronenmelisse*

1. Die Avocado schälen, das Fruchtfleisch grob würfeln und mit Zitronensaft beträufeln. Mit der Buttermilch in den Mixer geben und fein pürieren.
2. Das Getränk durch ein Sieb in ein Glas füllen. Mit Muskatnuß und Pistazien bestreuen und mit Zitronenmelisse garnieren.
(auf dem Foto: Mitte)

Feinschmecker-Tip

Diesen Drink sollten Sie erst kurz vor dem Servieren zubereiten, da sich das Avocadofleisch an der Luft rasch verfärbt. Der Zitronensaft wirkt diesem Vorgang zwar entgegen, kann es aber meist nicht vollständig verhindern.

MINIBRIOCHES

Für ca. 15 Stück
Zubereitungszeit: ca. 1 Std.
Backofen auf 220° C vorheizen
Backzeit: ca. 20 Min.
pro Stück ca. 160 kcal/670 kJ

- *250 g Mehl, 20 g frische Hefe*
- *1 EL Zucker*
- *4 EL lauwarme Milch*
- *120 g geschmolzene Butter*
- *2 Eier, 1 Prise Salz*
- *50 g gehackte Pistazien*
- *Butter für die Förmchen*
- *1 Eigelb zum Bestreichen*

1. Das Mehl in eine Schüssel sieben und in die Mitte eine Mulde drücken. Die Hefe mit dem Zucker und der Milch mischen, in die Mulde gießen und zugedeckt an einem warmen Ort 20 Minuten gehen lassen.
2. Die Butter mit den Eiern, Salz und Pistazien dazugeben und mit dem Handrührer, dann mit den Händen zu einem glatten Teig kneten.
3. Die Briocheförmchen einfetten. Aus dem Teig etwa 15 tischtennisballgroße Kugeln formen und in die Förmchen setzen. Aus dem restlichen Teig haselnußgroße Kügelchen formen und daraufsetzen.
4. Die Brioches mit dem verquirlten Eigelb bestreichen und 15 Minuten gehen lassen. Anschließend etwa 20 Minuten bei 220 °C auf mittlerer Schiene backen.
(auf dem Foto: unten)

ERDBEER-QUARK-TORTE

Ergibt ca. 12 Stücke
Zubereitungszeit: ca. 1 Std.
Backofen auf 180° C vorheizen
Backzeit: ca. 30 Min.
Kühlzeit: ca. 2 Std. 45 Min.
Pro Stück ca. 320 kcal/1335 kJ

Teig:
- *250 g Mehl*
- *125 g gut gekühlte Butter*
- *100 g Zucker*
- *1 Ei, 1 Prise Salz*
- *Fett für die Form*

Belag:
- *3 Eier, getrennt*
- *3 EL Honig*
- *500 g Magerquark*
- *Saft von 1 Zitrone*
- *10 Blatt weiße Gelatine*
- *375 g süße Sahne*
- *400 g Erdbeeren*
- *2 EL Zucker*
- *gehackte Pistazien oder Erdbeeren oder Zuckerostereier zum Dekorieren*

1. Das Mehl auf eine Arbeitsfläche sieben, in die Mitte eine Mulde drücken und die Butter, den Zucker, das Ei und Salz hineingeben. Alles zu einem geschmeidigen Mürbeteig kneten, diesen zu einer Kugel formen und in Alufolie gepackt 30 Minuten in den Kühlschrank legen.
2. Den Teig messerrückendick ausrollen und eine gefettete, beschichtete Springform (26 cm ⌀) damit auslegen. Einen etwa 4 Zentimeter breiten Rand hochdrükken, und den Boden mit einer Gabel einstechen.
3. Bei 180 °C etwa 30 Minuten backen und in der Form auskühlen lassen.
4. Für den Belag die Eigelbe mit dem Honig schaumig schlagen, den Quark und den Zitronensaft hinzufügen. Die Gelatine einweichen und in einem Töpfchen bei milder Hitze auflösen. Unter die Masse ziehen und diese etwa 15 Minuten kalt stellen.
5. Die Hälfte der Sahne und die Eiweiße steif schlagen. Die Erdbeeren putzen, nach Belieben zerkleinern und mit der Sahne und den Eiweißen unter die Quarkmasse heben. Diese auf dem noch in der Springform befindlichen Tortenboden verteilen und glattstreichen.
6. Die Torte für etwa 2 Stunden kalt stellen und zuletzt mit der restlichen, steif geschlagenen Sahne und Pistazien, schönen Erdbeeren oder Zuckerostereiern dekorieren.
(auf dem Foto: oben)

FEINSCHMECKER-TIP

Wenn Sie keine beschichtete Springform besitzen, kleiden Sie den Rand vor dem Backen mit Backpapier oder nach dem Abkühlen mit Folie aus oder legen Sie um den Teigboden einen Tortenring und gießen erst dann die Füllung hinein.

ERFRISCHENDER SOMMERBRUNCH

Eine herrliche Jahreszeit, um den Brunch ins Freie zu verlegen. Dazu baut man am besten das Essen als Buffet an einem schattigen Plätzchen auf. Wer über keinen Garten oder Balkon verfügt, kann auch ganz einfach ein Picknick-Brunch daraus machen. Die in diesem Kapitel präsentierten Gerichte lassen sich, in passende Behältnisse verpackt, prima transportieren. Zusätzlich sollten Sie eine große Schüssel mit frischen Beeren und Obst sowie klein geschnittenes frisches Gemüse bereitstellen, das man so zwischendurch essen oder in pikante Soßen dippen kann.

(Gefülltes Baguette, Rezept S. 22)

Gefülltes Baguette

Für 4 Portionen
Zubereitungszeit: ca. 30 Min.
Kühlzeit: ca. 30 Min.
ca. 350 kcal/1470 kJ

1 mittelgroße Zwiebel
2 Knoblauchzehen
2 rote Paprikaschoten
400 g Doppelrahmfrischkäse
2 Kästchen Kresse
Salz
gemahlener weißer Pfeffer
1 TL gerebelter Thymian
etwas Zitronensaft
2 TL scharfer Senf
1 große Baguette

1. Die Zwiebel schälen, fein hacken und in eine Schüssel geben. Den Knoblauch schälen und durch die Presse dazudrücken.
2. Die Paprikaschoten putzen, waschen, fein würfeln und ebenfalls dazugeben. Den Frischkäse unterrühren.
3. Die Kresse abspülen und über der Schüssel abschneiden. Die Masse mit Salz, Pfeffer, Thymian, Zitronensaft und Senf kräftig würzen und nochmals mischen.
4. Die Baguette auf einer Seite längs aufschneiden, die Krume herauslösen und die Creme hineinstreichen. In Alufolie einwickeln und 30 Minuten im Kühlschrank durchziehen lassen.
(auf dem Foto S. 20: vorn)

Tomatentorte

Für 4–6 Portionen
Zubereitungszeit: ca. 25 Min.
Kühlzeit: ca. 30 Min.
Backofen auf 200 °C vorheizen
Backzeit: ca. 45 Min.
ca. 520 kcal/2190 kJ

Teig:
250 g Mehl
1 Ei
½ TL Salz
125 g gut gekühlte Butter

Belag:
750 g Fleischtomaten
3 Eier
1 Becher Crème fraîche
100 g frisch geriebener Gouda
gemahlener schwarzer Pfeffer
1 Msp. Cayennepfeffer
frisch geriebene Muskatnuß
Butter für die Form

1. Das Mehl auf eine Arbeitsfläche sieben, in die Mitte eine Mulde drücken und das Ei, Salz und die Butter hineingeben.
2. Alles zu einem geschmeidigen Mürbeteig kneten. Diesen zu einer Kugel formen, in Alufolie pakken und etwa 30 Minuten in den Kühlschrank legen.
3. Die Tomaten überbrühen, häuten und achteln, dabei den Stengelansatz entfernen.
4. Die Eier mit der Crème fraîche und dem Gouda sehr gut verquirlen.
5. Die Masse mit Salz, Pfeffer, Cayennepfeffer und Muskatnuß kräftig würzen.
6. Eine Spring- oder Quicheform (26 cm Ø) einfetten und mit dem ausgerollten Teig auslegen. Einen etwa 3 Zentimeter hohen Rand hochdrücken. Den Teigboden mehrmals mit einer Gabel einstechen.
7. Die Tomatenachtel darauflegen, salzen, pfeffern und mit der Eier-Käse-Soße übergießen.
8. Die Torte bei 200 °C etwa 45 Minuten backen, falls nötig mit Alufolie abdecken.
(auf dem Foto rechts)

Variation

Sie können diese Torte beliebig mit anderen Gemüsesorten zubereiten. Probieren Sie doch mal eine Karotten- oder Zucchinitorte. Man benötigt dafür statt der Fleischtomaten etwa 1 Kilogramm Karotten oder Zucchini und 2 Zwiebeln. Das Gemüse wird gewaschen, nach Belieben geschält, in feine Scheiben geschnitten und in Butter bißfest gedünstet oder blanchiert. Man verteilt das Gemüse auf dem Teig, würzt mit Oregano, begießt es mit der Eiermasse und backt die Torte wie im Rezept angegeben.

Gemüseterrine

Für 4 Portionen
Zubereitungszeit: ca. ½ Std.
Backofen auf 160 °C vorheizen
Backzeit: ca. 1¼ Std.
ca. 390 kcal/1625 kJ

- *600 g Brokkoli*
- *200 g Karotten, Salz*
- *¼ l Milch, 200 g Crème double*
- *4 Eigelb, 2 Eier*
- *gemahlener weißer Pfeffer*
- *1 Prise Cayennepfeffer*
- *frisch gemahlene Muskatnuß*
- *½ TL Pastetengewürz*
- *Butter für die Form*

1. Die Brokkoli in kleine Röschen teilen. Die Karotten schälen und sehr klein würfeln. Das Gemüse in kochendem Salzwasser etwa 3 Minuten knackig garen, eiskalt abschrecken und gut abtropfen lassen.
2. Die Milch, die Crème double, die Eigelbe und die Eier verschlagen und mit Gewürzen abschmecken.
3. Eine Kasten- oder Pastetenform (1 l Inhalt) mit Butter einfetten, mit Alufolie auskleiden und diese ebenfalls einfetten. Das Gemüse abwechselnd hineinschichten, und jede Schicht mit der Eiermilch übergießen.
4. Die Form mit Alufolie abdecken und im Wasserbad in der Fettpfanne des Backofens bei 160 °C etwa 1¼ Stunden garen. Im Ofen abkühlen lassen und stürzen.
(auf dem Foto oben)

Krabbenrührei mit Dill

Für 4 Portionen
Zubereitungszeit: ca. 10 Min.
ca. 385 kcal/1615 kJ

- *8 Eier*
- *4 EL süße Sahne*
- *Salz*
- *gemahlener weißer Pfeffer*
- *frisch geriebene Muskatnuß*
- *1 Msp. Cayennepfeffer*
- *2 Bund Dill*
- *4 EL Butter*
- *300 g Krabben*

1. Die Eier in eine Schüssel schlagen, die Sahne hinzufügen und alles mit dem Schneebesen kurz durchschlagen. Die Masse mit Salz, Pfeffer, Muskatnuß und Cayennepfeffer würzen.
2. Den Dill abspülen, die Blättchen von den Stengeln zupfen und fein hacken. Unter die Eiermischung rühren.
3. Die Butter in einer breiten, am besten beschichteten Pfanne erhitzen, die Eiermasse hineingießen und leicht stocken lassen. Nun die Krabben hinzufügen und das Ei vollends stocken lassen. Immer wieder mit einem Holzlöffel wenden.
4. Das Krabbenrührei in der Pfanne auf den Tisch bringen oder auf vier vorgewärmte Teller verteilen.
(auf dem Foto unten: links)

Kefir-Kräuter-Sülzchen

Für 4 Portionen
Zubereitungszeit: ca. 20 Min.
Kühlzeit: ca. 2 Std.
ca. 125 kcal/465 kJ

- *6 Blatt weiße Gelatine*
- *je 1 Bund Schnittlauch, Petersilie und Basilikum*
- *½ l Kefir, Zitronensaft, Salz*
- *gemahlener weißer Pfeffer*
- *2 Fleischtomaten*
- *1 EL Olivenöl*
- *1 EL Balsamessig*

1. Die Gelatine in kaltem Wasser einweichen. Die Kräuter abspülen, die Blätter abzupfen und hacken.
2. Den Kefir mit Zitronensaft, Salz und Pfeffer würzen.
3. Die Gelatine gut ausdrücken und in einem Töpfchen bei milder Hitze auflösen. Diese mit den Kräutern unter den Kefir rühren.
4. Die Masse in vier kleine Förmchen oder Tassen füllen und etwa 2 Stunden in den Kühlschrank stellen.
5. Inzwischen die Tomaten überbrühen, häuten und entkernen. Ein Drittel des Fruchtfleisches fein würfeln, den Rest pürieren und mit Olivenöl, Balsamessig, Salz und Pfeffer abschmecken. Die Würfel untermischen.
6. Die Förmchen mit der Kefirsülze kurz in heißes Wasser tauchen, auf vier Teller stürzen und mit Tomatensoße umgießen.
(auf dem Foto unten: rechts)

Eier im Tomatennest

Für 4 Portionen
Zubereitungszeit: ca. 25 Min.
Backofen auf 180 °C vorheizen
Backzeit: ca. 15 Min.
ca. 155 kcal/645 kJ

4 besonders große, reife Fleischtomaten, Salz
gemahlener schwarzer Pfeffer
1 Bund gemischte Kräuter
4 Eier
1 EL Zitronensaft, 2 EL Olivenöl

1. Das obere Drittel der Tomaten als Deckel abschneiden. Das Kerngehäuse mit einem Eßlöffel herausschaben. Die Tomaten innen salzen und pfeffern.
2. Das herausgelöste Tomatenfleisch und die Deckel im Mixer fein pürieren. Durch ein Sieb streichen, damit keine Kerne zurückbleiben. Das Püree in den Kühlschrank stellen.
3. Die Kräuter abspülen und fein hacken. In jede Tomate etwas davon hineinstreuen und den Rest in das Tomatenpüree einrühren.
4. Die Tomaten in eine feuerfeste Form setzen. In jede Tomate ein Ei schlagen. Die Tomaten etwa 15 Minuten bei 180 °C backen, bis die Eiweiße gestockt sind.
5. Den Zitronensaft und das Öl mit dem Tomatenpüree mischen, mit Salz und Pfeffer würzen und zuletzt in die Form geben.
(auf dem Foto: unten)

Schinkensülze

Für 4 Portionen
Zubereitungszeit: ca. 35 Min.
Kühlzeit: mind. 5 Std.
ca. 530 kcal/2200 kJ

4 dicke Scheiben gekochter Schinken (500 g)
10 Cornichons
3 kleine Karotten
2 Frühlingszwiebeln
¾ l trockener Weißwein
2 EL Sherryessig
Salz
gemahlener weißer Pfeffer
10 Blatt weiße Gelatine
1 Zwiebel
1 Bund Schnittlauch
3 EL Essig
3 EL Öl

1. Die Schinkenscheiben von Fetträndern befreien, und den Schinken in gleich große Würfel schneiden.
2. Die Cornichons längs in dünne Scheiben schneiden. Die Karotten putzen, schälen und in feine Scheiben schneiden, ebenso die Frühlingszwiebeln.
3. Den Wein mit dem Sherryessig in einem kleinen Topf mischen, mit Salz und Pfeffer abschmecken und erhitzen.
4. Die Gelatine in kaltem Wasser einweichen und in der heißen Wein-Essig-Mischung auflösen. Bitte nicht kochen!
5. In eine Kasten- oder Puddingform (1 l Inhalt) einen Spiegel der Gelierflüssigkeit gießen und im Kühlschrank erstarren lassen.
6. Ein Drittel der Schinkenwürfel und die Cornichonscheiben darauf verteilen, mit Flüssigkeit bedecken und wieder erstarren lassen.
7. Die restlichen zwei Drittel der Schinkenwürfel, die Karotten und die Frühlingszwiebeln in weiteren zwei Schichten daraufgeben und jeweils mit Gelierflüssigkeit bedecken. Anschließend mindestens 4 Stunden kalt stellen.
8. Die Zwiebel schälen und wie den Schnittlauch fein hacken. Aus Essig, Salz, Pfeffer und Öl eine Marinade rühren, den Schnittlauch und die Zwiebel hinzufügen.
9. Die Form kurz in heißes Wasser tauchen, die Sülze stürzen und nach Belieben in Scheiben schneiden. Die Vinaigrette dazu servieren.
(auf dem Foto: oben)

Variation

An heißen Sommertagen bietet sich eine gekühlte Sülze besonders an.
Man kann das oben beschriebene Rezept nach Belieben verändern und zum Beispiel eine Sülze mit Hühnerbrust zubereiten. Braten Sie etwa 500 Gramm Hühnerbrust in Butter und schneiden sie in Würfel. Verarbeiten Sie diese nun so, wie oben für die Schinkenwürfel beschrieben.

AUSTERN-PILZCREME

Für 4 Portionen
Zubereitungszeit: ca. 25 Min.
Kühlzeit: ca. 30 Min.
ca. 205 kcal/870 kJ

1 kleine Zwiebel
1 EL Butter
300 g Austernpilze
Salz
gemahlener weißer Pfeffer
1 Bund glatte Petersilie
200 g süße Sahne
4 Blatt weiße Gelatine

1. Die Zwiebel schälen und sehr fein hacken. In der heißen Butter glasig braten.
2. Die Austernpilze abspülen, von den harten Stellen befreien und in Streifen schneiden. Zu den Zwiebeln geben und 10 Minuten dünsten, bis die Flüssigkeit fast vollständig verdampft ist. Mit Salz und Pfeffer würzen.
3. Die Pilz-Zwiebel-Masse im Mixer sehr fein pürieren.
4. Die Petersilie abspülen, die Blätter von den Stengeln zupfen und fein hacken. Die Sahne steif schlagen und mit der Petersilie unter das Pilzpüree heben.
5. Die Gelatine in kaltem Wasser einweichen, in einem Töpfchen auflösen und gleichmäßig unterrühren. Die Masse nochmals abschmecken und etwa 30 Minuten kalt stellen. Nach Belieben mit einem Eßlöffel zu Nocken formen.
(auf dem Foto: links)

Crêpes mit Himbeerquark

Für 4 Portionen
Zubereitungszeit: ca. 30 Min.
Quellzeit: ca. 30 Min.
ca. 510 kcal/2150 kJ

Teig:
125 g Mehl
¼ l Milch, 2 Eier
3 EL flüssige Butter

Füllung:
250 g Himbeeren
250 g Sahnequark
2 Päckchen Vanillinzucker
4 TL Butterschmalz
einige Minzeblättchen

1. Das Mehl in eine Schüssel sieben. Die Milch und die Eier nach und nach hinzufügen und alles zu einem glatten Teig schlagen.
2. Die flüssige Butter unterrühren und den Teig etwa 30 Minuten quellen lassen.
3. Die Himbeeren waschen und abtropfen lassen. Die Hälfte pürieren und durch ein Sieb streichen. Das Püree mit Quark, Vanillinzucker und den restlichen Himbeeren mischen.
4. Je einen Teelöffel Butterschmalz in einer kleinen Pfanne schmelzen und aus dem Teig nacheinander vier dünne Crêpes ausbacken.
5. In jeden Pfannkuchen ein Viertel des Himbeerquarks geben und zusammenrollen. Mit Minzeblättchen garniert anrichten.
(auf dem Foto: rechts)

Pfirsich-Marmelade

Für 4 Gläser
Zubereitungszeit: ca. 20 Min.
Pro Glas ca. 645 kcal/2710 kJ

1100 g reife Pfirsiche
500 g Zucker
1 Beutel Gelierpulver (10 g)
25 g gehackte Pistazien oder Sonnenblumenkerne

1. Die Pfirsiche waschen, überbrühen, häuten und entsteinen. Ein Viertel der Früchte in Würfel von etwa 1 Zentimeter Kantenlänge schneiden, den Rest im Mixer pürieren.
2. Das Fruchtpüree in einen Topf geben und den Zucker und das Gelierpulver unterrühren. Aufkochen und eine Minute sprudelnd kochen lassen.
3. Ein wenig Marmelade auf einen kleinen Teller geben und abkühlen lassen, um zu sehen, ob sie schon fest wird. Falls nicht, einfach weiterkochen und die Gelierprobe wiederholen.
4. Die Pistazien und die Pfirsichwürfel zuletzt in die Marmelade rühren. Diese in vorbereitete Gläser mit Schraubverschluß füllen und noch heiß verschließen.
(auf dem Foto: oben)

Brombeer-Kuchen

Ergibt ca. 12 Stücke
Zubereitungszeit: ca. 1¼ Std.
Backofen auf 180 °C vorheizen
Backzeit: ca. 50 Min.
Pro Stück ca. 440 kcal/1848 kJ

Teig:
250 g Mehl
125 g eisgekühlte Butter
1 Ei
80 g Zucker

Belag:
500 g Brombeeren
400 g Crème fraîche
4 EL Zucker
3 Eigelb

1. Das Mehl auf eine Arbeitsfläche sieben, in die Mitte eine Mulde drücken und die Butter in Flöckchen sowie das Ei und den Zukker hineingeben.
2. Alles zu einem geschmeidigen Mürbeteig kneten. Diesen zu einer Kugel formen, in Alufolie pakken und etwa 1 Stunde in den Kühlschrank legen.
3. Inzwischen die Brombeeren verlesen, waschen und auf einem Sieb gut abtropfen lassen.
4. Den Teig dünn ausrollen, eine gefettete Springform (26 cm ⌀) damit auslegen und einen Rand von etwa 3 Zentimetern hochziehen.
5. Den Teig mehrmals mit einer Gabel einstechen und bei 180 °C etwa 20 Minuten backen.
6. Die Crème fraîche mit dem Zucker und den Eigelben gut verrühren und auf dem Teig verteilen. Die Brombeeren daraufsetzen und den Kuchen weitere 30 Minuten backen.
(auf dem Foto: unten)

Himbeermilch

Für 1 Portion
Zubereitungszeit: ca. 5 Min.
ca. 175 kcal/745 kJ

50 g Himbeeren (frisch, tiefgekühlt oder aus dem Glas)
¼ l gut gekühlte Milch
1 Zweig Zitronenmelisse

1. Die Himbeeren mit der Milch in den Mixer geben.
2. Den Drink durch ein Haarsieb in ein Glas gießen und mit Melisseblättchen dekorieren.
(auf dem Foto: Mitte)

BELEBENDER NEUJAHRS-BRUNCH

Der 1. Januar ist ideal, um mit einem ausgedehnten Brunch die Lebensgeister der erschöpften Feierfreudigen wieder zu wecken. Pikante Gerichte, wie die deftige Bauernterrine oder der Heringssalat und dazu ein kerniges Brot, vertreiben schnell die Müdigkeit. Und für all diejenigen, die kleine Nachwehen einer feuchtfröhlichen Nacht verspüren, sollten Sie frische süße und pikante Säfte vorbereiten – vielleicht auch ein paar „Alka-Selzer" diskret bereithalten.

(Schweinefilet mit Kressesoße, Rezept S. 34)

Schweinefilet mit Kressesosse

Für 4 Portionen
Zubereitungszeit: ca. 40 Min.
(ohne Kühlzeit)
ca. 425 kcal/1800 kJ

- *1 Schweinefilet (ca. 500 g)*
- *2 EL Butterschmalz*
- *Salz*
- *gemahlener schwarzer Pfeffer*
- *1 Prise geriebene Muskatnuß*
- *250 g Sahnequark*
- *2 EL mittelscharfer Senf*
- *1 EL Öl*
- *etwas Zitronensaft*
- *3 Kästchen Kresse*

1. Das Schweinefilet von allen Seiten in heißem Butterschmalz anbraten und mit Salz, Pfeffer und Muskatnuß würzen. Das Filet bei mittlerer Hitze zugedeckt etwa 30 Minuten garziehen lassen. Herausnehmen und auskühlen lassen.
2. Den Sahnequark mit dem Senf und dem Öl im Mixer verschlagen. In eine kleine Schüssel geben, salzen, pfeffern und mit etwas Zitronensaft abschmecken.
3. Die Kresse abspülen, die Blättchen über der Soße mit der Küchenschere abschneiden und unterziehen.
4. Das Schweinefilet schräg zur Faser in dünne Scheiben schneiden und auf einer Platte anrichten. Die Soße getrennt dazu reichen.
(auf dem Foto S. 32: vorn)

Bauernterrine

Für 4 Portionen
Zubereitungszeit: ca. 30 Min.
Backofen auf 160° C vorheizen
Backzeit: ca. 1 Std.
ca. 405 kcal/1705 kJ

- *150 g fetter Speck*
- *250 g Kalbsschulter*
- *400 g Schweinenacken*
- *2 Zwiebeln, gehackt*
- *3 zerdrückte Knoblauchzehen*
- *2 EL Butter*
- *2 Eigelb, 3 EL Crème fraîche*
- *3 EL gehackte Pistazien, Salz*
- *gemahlener schwarzer Pfeffer*
- *3 TL Pastetengewürz*
- *1 EL Cognac*
- *150 g fette Speckscheiben*

1. Den Speck und das Fleisch durch den Fleischwolf drehen.
2. Die Zwiebeln und den Knoblauch in Butter glasig braten, abkühlen lassen und zum Fleisch geben.
3. Alle weiteren Zutaten außer den Speckscheiben hinzufügen und alles zu einem glatten Fleischteig kneten.
4. Eine Kasten- oder Pastetenform (1 l Inhalt) mit den Speckscheiben auslegen. Die Farce einfüllen, glattstreichen und Speckscheiben darüberklappen.
5. Die Form mit Alufolie oder einem Deckel verschließen und im Wasserbad im Ofen bei 160° C etwa 1 Stunde garen. Mit übrigen Zutaten garnieren.
(auf dem Foto: oben)

Schinkeneier

Für 4 Portionen
Zubereitungszeit: ca. 45 Min.
ca. 170 kcal/710 kJ

- *150 g gekochter Schinken*
- *1 EL Öl*
- *1 Schalotte*
- *Salz*
- *gemahlener schwarzer Pfeffer*
- *1 Msp. Cayennepfeffer*
- *4 Eier*
- *Fett für die Förmchen*
- *½ Bund Schnittlauch*

1. Den Schinken vom Fettrand befreien und sehr fein hacken. In heißem Öl andünsten.
2. Die Schalotte schälen, fein hacken, dazugeben und glasig braten. Mit Salz, Pfeffer und Cayennepfeffer würzen.
3. Die Eier mit einer Gabel gut verquirlen. Vier feuerfeste Förmchen einfetten, die Schinken-Schalotten-Mischung darin verteilen und jeweils mit der Eiermasse auffüllen.
4. Die Förmchen mit Alufolie (stumpfe Seite nach oben) fest verschließen und in einen Topf mit leicht siedendem Wasser stellen. Den Topf zudecken und die Schinkeneier etwa 30 Minuten ziehen lassen. Im Förmchen servieren oder stürzen und mit Schinkenwürfeln und feinen Schnittlauchröllchen garnieren.
(auf dem Foto: unten)

Apfelschmalz

Für 2 Gläser
Zubereitungszeit: ca. 30 Min.
Pro Glas ca. 1965 kcal/7995 kJ

250 g Schweineflomen
250 g grüner Speck
2 Wacholderbeeren
1 Nelke
2 mittelgroße Zwiebeln
2 säuerliche Äpfel (Boskop)
gemahlener weißer Pfeffer
Salz

1. Das Flomen und den Speck in feine Würfel schneiden. Zusammen mit den Wacholderbeeren und der Nelke in einen Topf geben und bei mittlerer Hitzezufuhr braten.
2. Inzwischen die Zwiebeln und die Äpfel schälen und beides fein würfeln.
3. Wenn die Grieben glasig werden, die Wacholderbeeren und die Nelke herausnehmen.
4. Das Ganze so lange braten, bis die Grieben ganz knusprig und braun sind. Die Äpfel- und Zwiebelwürfel löffelweise dazugeben. Mit Salz und Pfeffer würzen.
5. Nun ständig umrühren, bis die Zwiebeln gut gebräunt sind. Das Schmalz mit einem Schöpflöffel in ein Steinguttöpfchen oder zwei Gläser füllen und kalt stellen.
(auf dem Foto: Mitte)

Forellencreme

Für 4 Portionen
Zubereitungszeit: ca. 10 Min.
Kühlzeit: ca. 1 Std.
ca. 180 kcal/715 kJ

300 g geräucherte Forellenfilets
4 EL Crème fraîche
1 TL geriebene Schale einer unbehandelten Zitrone
Salz
gemahlener weißer Pfeffer
1 Prise Cayennepfeffer
etwas Zitronensaft
1 Bund Dill

1. Die Forellenfilets in Stücke teilen und mit der Crème fraîche im Mixer pürieren.
2. Die Zitronenschale dazugeben und das Püree mit Salz, Pfeffer, Cayennepfeffer und Zitronensaft kräftig abschmecken.
3. Den Dill abspülen, die Blättchen von den Stengeln zupfen, fein hacken und bis auf einen Teelöffel unter die Creme ziehen. Diese in eine kleine Schüssel füllen und mit dem restlichen Dill bestreuen. Etwa 1 Stunde kalt stellen.
(auf dem Foto: oben links)

Heringssalat

Für 4 Portionen
Zubereitungszeit: ca. 20 Min.
Kühlzeit: ca. 1 Std.
ca. 375 kcal/1570 kJ

8 küchenfertige Matjesfilets
etwas Zitronensaft
150 g Karotten
1 kleine Salatgurke
2 Becher saure Sahne
2 EL Weißweinessig
Salz
gemahlener weißer Pfeffer
1 Bund Schnittlauch
2 kleine Zwiebeln

1. Die Matjesfilets in mundgerechte Stücke schneiden und mit etwas Zitronensaft beträufeln.
2. Die Karotten und die Gurke schälen. Beides grob raspeln und mit dem Matjes in eine Schüssel geben.
3. Die saure Sahne mit dem Essig gut verrühren. Mit Salz und Pfeffer kräftig abschmecken. Den Schnittlauch abspülen, klein schneiden und unterziehen. Die Zwiebeln schälen, in feine Ringe schneiden und hinzufügen.
4. Die Soße über den Salat gießen und alles mischen. Den Heringssalat etwa 1 Stunde im Kühlschrank ziehen lassen.
(auf dem Foto: oben rechts, Serviervorschlag unten)

Mariniertes Gemüse

Für 4 Portionen
Zubereitungszeit: ca. 55 Min.
Marinierzeit: ca. 2 Std.
ca. 380 kcal/1590 kJ

250 g kleine Zwiebeln oder Schalotten
250 g Champignons
300 g Brokkoli, geputzt
250 g Kirschtomaten
⅛ l Olivenöl
Saft von 1 Zitrone
¼ l trockener Weißwein
1 Knoblauchzehe, Salz
gemahlener schwarzer Pfeffer
gerebelter Thymian
gerebelter Oregano

1. Die Zwiebeln schälen. Die Champignons putzen und mit einem feuchten Tuch abreiben. Die Brokkoli kurz in kochendes Wasser geben, in Röschen teilen.
2. Die Kirschtomaten überbrühen, eiskalt abschrecken und häuten.
3. Das Öl mit dem Zitronensaft, dem Wein und der geschälten Knoblauchzehe in einen Topf geben. Salz, Pfeffer, Thymian und Oregano hinzufügen und aufkochen.
4. Die Zwiebeln und die Pilze darin 15 Minuten, die Brokkoliröschen 8 Minuten garen und herausnehmen.
5. Alle Zutaten, auch die Kirschtomaten, in eine flache Schale geben, den warmen Sud angießen und etwa 2 Stunden marinieren.
(auf dem Foto oben)

Speck-Walnuss-Brot

Für 2 Brote à ca. 600 g
Zubereitungszeit: ca. 30 Min.
Gehzeit: ca. 50 Min.
Backofen auf 220 °C vorheizen
Backzeit: ca. 30 Min.
1 Brot ca. 2300 kcal/9690 kJ

150 g durchwachsener Speck
1 EL Butter
80 g Walnußhälften
2 Würfel frische Hefe (80 g)
⅛ l lauwarmes Wasser
1 kg Weizenmehl Type 550
Salz
½ l lauwarmes Wasser
Fett für das Blech
Mehl zum Bestäuben

1. Vom Speck die Schwarte abschneiden, den Speck fein würfeln und in Butter leicht anbraten. Die Nüsse grob hacken und dazugeben. Die Mischung abkühlen lassen.
2. Die Hefe in dem Wasser auflösen. Das Mehl in eine Schüssel sieben, in die Mitte eine Mulde drücken und das Hefewasser hineingießen. Von innen nach außen mit dem Mehl verrühren, dabei Salz und den ½ Liter lauwarmes Wasser einarbeiten.
3. Den Teig so lange kneten, bis er sich vom Schüsselrand löst. Die Speck-Nuß-Mischung zuletzt einarbeiten.
4. Aus dem Teig zwei Kugeln formen und zugedeckt etwa 30 Minuten gehen lassen. Die Teigteile nochmals durchkneten und zu zwei gleichgroßen Brotlaiben formen.
5. Die Laibe auf einem gefetteten Blech nochmals etwa 20 Minuten gehen lassen, dann bei 220 °C auf der untersten Schiene des Ofens etwa 30 Minuten backen. Zu Beginn der Backzeit 1 Tasse Wasser in den Ofen gießen oder dazustellen. Die Tür nach 10 Minuten kurz öffnen, damit der Dampf entweichen kann.
Die Brote sind gar, wenn Sie mit den Fingerknöcheln an deren Unterseite klopfen und es hohl klingt.
Die Brote auskühlen lassen und mit Mehl bestäuben.
(auf dem Foto unten)

Variation

Die Beigaben zum Brotteig lassen sich beliebig variieren. So kann man auch 200 Gramm Zwiebelwürfel goldbraun anbraten und mit dem Speck oder mit Walnüssen zum Teig geben. Statt der Nüsse schmeckt Sesam sehr gut.

Rosinenküchle

Für ca. 12 Stück
Zubereitungszeit: ca. 15 Min.
Backofen auf 200 °C vorheizen
Backzeit: ca. 15 Min.
Pro Stück ca. 210 kcal/890 kJ

150 g Butter
100 g Zucker
2 Päckchen Vanillinzucker
1 TL geriebene Schale einer unbehandelten Orange
1 TL Zimt
1 Prise Salz
2 Eier
200 g Mehl
50 g Rosinen
Puderzucker zum Bestäuben

1. Die Butter schaumig schlagen, dabei Zucker und Vanillinzucker einrieseln lassen. Die Orangenschale, Zimt und Salz untermischen.
2. Die Eier hinzufügen und gut verrühren. Das Mehl nach und nach über die Butter-Ei-Mischung sieben und alles zu einem geschmeidigen Teig verarbeiten. Die Rosinen gleichmäßig unterheben.
3. Den Teig in etwa 12 Papierförmchen verteilen und bei 200 °C auf der mittleren Schiene etwa 15 Minuten backen.
4. Die Rosinenküchle aus dem Ofen nehmen, auf einem Gitter auskühlen lassen und mit Puderzucker bestäuben. Die Küchle kann man mit Butter und/oder Marmelade bestreichen oder diese dazu reichen.
(auf dem Foto: unten)

Orangentorte

Ergibt ca. 12 Stücke
Zubereitungszeit: ca. 30 Min.
Kühlzeit: ca. 45 Min.
Backofen auf 220 °C vorheizen
Backzeit: ca. 40 Min.
Pro Stück ca. 430 kcal/1795 kJ

Teig:
250 g Mehl
1 Ei
100 g Zucker
125 g gut gekühlte Butter

Belag:
5 Eier
100 g Zucker
6 Orangen
etwas geriebene Schale einer unbehandelten Zitrone
100 g gemahlene Mandeln
125 g zerlassene Butter
Butter für die Form
Linsen oder Bohnen zum Blindbacken
5 EL Orangenmarmelade
2 EL Orangenlikör

1. Das Mehl auf eine Arbeitsfläche sieben, in die Mitte eine Mulde drücken und das Ei, Zucker und die Butter hineingeben. Alles zu einem geschmeidigen Mürbeteig kneten. Diesen zu einer Kugel formen, in Alufolie packen und mindestens 45 Minuten in den Kühlschrank legen.
2. Für den Belag die Eier mit dem Zucker schaumig rühren, zwei Orangen auspressen und den Saft dazugeben. Die Zitronenschale, die Mandeln und die Butter ebenfalls unterrühren.
3. Nun den Teig dünn ausrollen und eine gefettete Springform (26 cm Ø) damit auslegen. Einen etwa 3 Zentimeter breiten Rand hochdrücken. Den Teig mit Alufolie auslegen, mit Linsen oder Bohnen bestreuen, damit er beim Backen flach bleibt, und bei 220 °C etwa 10 Minuten vorbacken.
4. Die Hülsenfrüchte entfernen. Die Creme auf dem Teig verteilen und die Orangentorte weitere 30 Minuten bei 200 °C backen.
5. Inzwischen die restlichen Orangen so schälen, daß die innere weiße Haut mit entfernt wird. Die restlichen vier Früchte in dünne Scheiben schneiden und auf dem etwas ausgekühlten Kuchen schuppenartig verteilen.
6. Die Orangenmarmelade mit dem Orangenlikör erhitzen und mit einem Pinsel auf die Orangenscheiben streichen.
(auf dem Foto: oben)

Ein Brunch zum Verwöhnen

Zu außergewöhnlichen Anlässen gehören auch außergewöhnliche kulinarische Überraschungen. Eine weiß eingedeckte Tafel, Silberbesteck und edle Blumenarrangements bringen die Speisen schön zur Geltung. Neben den in diesem Kapitel vorgeschlagenen Gerichten können Sie zusätzlich eine Schale mit (Lachs-) Kaviar auf gestoßenem Eis, einen Korb mit exotischen Früchten und eventuell Champagner servieren.

(Roastbeef, Rezept S. 44)

Roastbeef

Für 4–6 Portionen
Zubereitungszeit: ca. 1¼ Std.
Backofen auf 250 °C vorheizen
ca. 380 kcal/1590 kJ

800 g Roastbeef
Salz, gemahlener Pfeffer
3 Knoblauchzehen
8 EL Öl, 2 Eigelb
1 EL scharfer Senf
1 mittelgroße Zwiebel
1 gemischter Kräuterstrauß
3 EL Rotweinessig

1. Das Fleisch mit Salz und Pfeffer einreiben. Den Knoblauch schälen, durch die Presse drücken und mit 3 Eßlöffeln Öl mischen.
2. Das Roastbeef damit rundherum bestreichen. Auf ein mit Alufolie ausgelegtes Blech legen und etwa 30 Minuten bei 250 °C garen.
3. Den Ofen ausschalten und das Fleisch noch 20 Minuten ziehen lassen. In Alufolie packen und abkühlen lassen.
4. Das restliche Öl mit den Eigelben und dem Senf im Mixer mischen.
5. Die Zwiebel schälen und fein hacken. Die Kräuter abspülen und sehr fein hakken. Mit der Zwiebel in die Soße rühren.
6. Diese mit Essig, Salz und Pfeffer abschmecken. Das Roastbeef dünn aufschneiden, die Soße darauf verteilen und ziehen lassen.
(auf dem Foto S. 42: vorn)

Rotbarsch-terrine

Für 4–6 Portionen
Zubereitungszeit: ca. 1½ Std.
Backofen auf 180 °C vorheizen
ca. 390 kcal/1630 kJ

3 Schalotten, gehackt
1 EL Butter
750 g Rotbarschfilet
etwas Zitronensaft, Salz
1 Msp. Cayennepfeffer
frisch geriebene Muskatnuß
250 g süße Sahne, 2 Eigelb
250 g Lachsfilet, in Streifen
Butter für die Form

1. Die Schalotten in Butter glasig braten und abkühlen lassen.
2. Das Rotbarschfilet in Stücke schneiden und zweimal durch die feinste Scheibe des Fleischwolfes drehen. Mit Zitronensaft und den Gewürzen abschmecken.
3. Die Sahne steif schlagen und mit den Eigelben und den Schalotten unter die Fischmasse heben.
4. Eine Kasten- oder Pastetenform (1 l Inhalt) mit Alufolie auslegen und diese einfetten. Die Hälfte der Farce hineinfüllen, die Lachsstreifen darauflegen und die Farce darüber verteilen.
5. Die Form mehrmals auf einen Tisch klopfen. Die Form verschließen und im Wasserbad im Ofen bei 180 °C etwa 60 Minuten garen. Auskühlen lassen und stürzen.
(auf dem Foto: unten)

Lachsmousse

Für 4 Portionen
Zubereitungszeit: ca. 20 Min.
Kühlzeit: ca. 1 Std.
ca. 260 kcal/1090 kJ

300 g Räucherlachs
1 Becher Crème fraîche (150 g)
1 Eigelb
2 Blatt weiße Gelatine
Salz
gemahlener weißer Pfeffer
1 EL Zitronensaft
1 Schuß Worcestersoße
1 Bund Dill

1. Den Lachs in Streifen schneiden und mit der Crème fraîche und dem Eigelb in einem Mixer fein pürieren.
2. Die Gelatine in kaltem Wasser einweichen.
3. Die Lachsmasse mit Salz, Pfeffer, Zitronensaft und Worcestersoße kräftig abschmecken.
4. Die Gelatine tropfnaß in einem Töpfchen bei milder Hitze auflösen und mit der Masse mischen.
5. Den Dill abspülen, trokkenschütteln, die Blättchen von den Stengeln zupfen und grob hacken. Unter die Lachsmousse heben.
6. Die Lachsmousse im Kühlschrank etwa 1 Stunde stocken lassen. In der Schüssel servieren oder mit einem Eßlöffel Nocken abstechen.
(auf dem Foto: oben)

Dillcremesuppe

Für 4 Portionen
Zubereitungszeit: ca. 20 Min.
ca. 196 kcal/919 kJ

4 Schalotten
2 EL Butter
¼ l trockener Weißwein
125 g Mascarpone
600 ml Fischfond (selbstgemacht oder aus dem Glas)
Salz
gemahlener weißer Pfeffer
1 Msp. Cayennepfeffer
4–5 Bund Dill, je nach Größe
1 Schuß Worcestersoße
1 EL Zitronensaft
150 g geschälte Nordsee- oder Grönlandkrabben

1. Die Schalotten schälen, fein hacken und in einem Topf in heißer Butter glasig braten.
2. Mit dem Weißwein ablöschen, die Mascarpone unterrühren und den Fischfond dazugießen. Aufkochen und zugedeckt etwa 10 Minuten köcheln lassen.
3. Mit Salz, Pfeffer und Cayennepfeffer würzen. Den Dill abspülen, die Blättchen von den Stengeln zupfen und fein hacken.
4. Die Suppe mit Worcestersoße und Zitronensaft abschmecken. Den Dill und die Krabben hineingeben und etwa 3 Minuten leise köcheln lassen.
(auf dem Foto: links)

Spargelsalat

Für 4 Portionen
Zubereitungszeit: ca. 30 Min.
ca. 215 kcal/903 kJ

500 g grüner Spargel, Salz
1 Prise Zucker, 1 TL Butter
300 g geräucherte Putenbrust, in dünnen Scheiben
250 g Kirschtomaten, in Vierteln
1 Bund Schnittlauch, in Röllchen
4 EL Rotweinessig
gemahlener weißer Pfeffer
1 TL scharfer Senf, 4 EL Öl

1. Den Spargel waschen und die Enden großzügig abschneiden. Falls nötig schälen, dann in kochendem Salzwasser mit Zucker und Butter 10 bis 12 Minuten kochen. Herausnehmen und abtropfen lassen.
2. Die Putenbrust in schmale Streifen schneiden und in eine Schüssel geben.
3. Den Spargel in etwa 2 Zentimeter lange Stücke schneiden und mit den Tomatenvierteln und dem Schnittlauch dazugeben.
4. Den Essig mit Pfeffer, Salz und Senf verrühren. Das Öl in dünnem Strahl dazugießen und dabei mit dem Schneebesen kräftig schlagen, bis eine cremige Soße entsteht.
5. Die Soße über die Zutaten gießen und vorsichtig unterheben.
(auf dem Foto: rechts)

Pikant-süsse Roquefort-Creme

Für 4 Portionen
Zubereitungszeit: ca. 30 Min.
ca. 440 kcal/1840 kJ

200 g Trockenpflaumen
1 kleine Zwiebel
300 g Roquefortkäse
2 EL Butter
1 Bund Schnittlauch
gemahlener schwarzer Pfeffer
frisch geriebene Muskatnuß
Salz

1. Die Trockenpflaumen sehr fein würfeln. Die Zwiebel schälen und ebenfalls fein hacken.
2. Den Roquefortkäse mit der Butter zerdrücken und gut mischen.
3. Den Schnittlauch abspülen, fein schneiden und mit den Trockenpflaumen, der Zwiebel und der Käse-Butter-Mischung gut verrühren. Mit Pfeffer, Muskatnuß und wenn nötig mit Salz abschmecken.
(auf dem Foto: links)

Marinierte Hühnerbrüstchen

Für 4 Portionen
Zubereitungszeit: ca. 20 Min.
Kühlzeit: ca. 1 Std.
ca. 340 kcal/1428 kJ

4 Hühnerbrustfilets
2 EL Butterschmalz
Salz, gemahlener weißer Pfeffer
2 Eigelb, 1/8 l Öl
3 EL Joghurt
Saft von 1 Zitrone
1 Msp. Cayennepfeffer
1 Bund Basilikum

1. Die Hühnerbrüstchen in heißem Butterschmalz rundum kräftig anbraten und 8 Minuten zugedeckt bei milder Hitze garziehen lassen. Salzen, pfeffern und abkühlen lassen.
2. Die Eigelbe mit dem Handrührer verschlagen, das Öl unter ständigem Rühren in dünnem Strahl dazugießen, bis eine cremige Masse entstanden ist.
3. Löffelweise den Joghurt und den Zitronensaft hinzufügen und mit Salz, Pfeffer und Cayennepfeffer würzen.
3. Das Basilikum abspülen, einen Zweig zum Garnieren beiseite legen. Den Rest unter die Soße heben.
4. Das Fleisch in dünne Scheiben schneiden, auf eine Platte legen und dünn mit der Soße überziehen. Im Kühlschrank etwa 1 Stunde ziehen lassen und mit Basilikum garnieren.
(auf dem Foto: oben)

Avocadocreme

Für 4 Portionen
Zubereitungszeit: ca. 15 Min.
Kühlzeit: mind. 30 Min.
ca. 310 kcal/1295 kJ

2 Eigelb
3 EL Zucker
500 g Magerquark
2 reife Avocados
Saft von 1 kleinen Orange
1/2 Bund frische Minzeblättchen

1. Die Eigelbe mit dem Zucker in eine Schüssel geben und mit dem Handrührer schaumig schlagen. Den Magerquark eßlöffelweise dazugeben.
2. Die Avocados schälen, längs halbieren und den Kern herauslösen. Das Fruchtfleisch mit dem Orangensaft im Mixer oder mit dem Pürierstab fein pürieren und gleichmäßig unter die Quarkmasse ziehen.
3. Die Avocadocreme in eine Schüssel füllen und mindestens 30 Minuten kalt stellen.
4. Die Minze abspülen, die Blättchen von den Stengeln zupfen und bis auf einige in feine Streifen schneiden. Unter die Avocadocreme heben und diese mit den ganzen Blättchen garnieren.
(auf dem Foto: unten)

Melone mit Tomaten-vinaigrette

Für 4 Portionen

Zubereitungszeit: ca. 20 Min.
ca. 330 kcal/1375 kJ

1 Fleischtomate
2 Schalotten
½ Bund Schnittlauch
3 EL Rotweinessig
Salz
grob gemahlener schwarzer Pfeffer
3 EL Öl
2 reife Honigmelonen
etwas Zitronensaft
8 dünne Scheiben Parmaschinken

1. Die Tomate überbrühen, abschrecken und häuten. Quer halbieren, entkernen und das Fruchtfleisch fein würfeln.
2. Die Schalotten schälen und fein hacken. Den Schnittlauch abspülen und ebenfalls fein schneiden.
3. Aus Essig, Salz, Pfeffer und Öl mit dem Schneebesen eine cremige Marinade schlagen. Die Tomatenwürfel, die Schalotten und den Schnittlauch hinzufügen.
4. Die Melonen in schmale Spalten schneiden, die Kerne herauslösen und die Schale entfernen. Rundum mit Zitronensaft beträufeln und die Spalten fächerartig auf eine Platte legen.
5. Die Marinade darüber verteilen und den Schinken dekorativ danebenlegen.
(auf dem Foto oben)

Mohnhörnchen

Für ca. 15 Stück

Zubereitungszeit: ca. 20 Min.
Gehzeit: ca. 30 Min.
Backofen auf 200° C vorheizen
Backzeit: ca. 20 Min.
Pro Stück ca. 180 kcal/745 kJ

250 g Mehl
1 Päckchen Trockenhefe
150 g zerlassene Butter
50 g Zucker
1 Päckchen Vanillinzucker
1 Ei, 1 Eigelb
4 EL lauwarme Milch
1 Prise Salz
4 EL Mohnback, 1 Eigelb

1. Das Mehl in eine Schüssel sieben und alle angegebenen Zutaten bis zum Mohnback dazugeben.
2. Alles zu einem geschmeidigen Teig kneten und diesen zugedeckt an einem warmen Ort etwa 30 Minuten gehen lassen.
3. Den Teig nochmals durchkneten, auf einer bemehlten Arbeitsfläche messerrückendick ausrollen und etwa 16 Quadrate (6 x 6 cm) ausradeln.
4. Auf jedes Quadrat etwa ¼ Eßlöffel Mohnback setzen und jeweils von Ecke zu Ecke zu Hörnchen aufrollen.
5. Diese auf ein mit Backpapier ausgelegtes Blech legen und mit verquirltem Eigelb bestreichen. Bei 200 °C etwa 20 Minuten backen.
(auf dem Foto unten: links)

Quarkterrine mit Himbeersosse

Für 4 Portionen

Zubereitungszeit: ca. 25 Min.
Kühlzeit: ca. 2 Std.
ca. 480 kcal/2020 kJ

500 g Magerquark
250 g Sahnequark
2 Eigelb, 100 g Zucker
1 Päckchen Vanillinzucker
4 EL gemahlene Pistazien
6 Blatt weiße Gelatine
500 g Himbeeren
2 EL Puderzucker
einige Minzeblättchen

1. Beide Quarksorten im Sieb gut abtropfen lassen. Die Eigelbe mit dem Zucker und dem Vanillinzucker schaumig schlagen.
2. Die Pistazien und den Quark eßlöffelweise hinzufügen. Die Gelatine etwa 10 Minuten in kaltem Wasser einweichen, in einem Töpfchen auflösen und unter die Masse rühren.
3. Eine Pudding- oder Kastenform (1 l Inhalt) mit kaltem Wasser ausspülen, mit der Masse füllen und diese im Kühlschrank etwa 2 Stunden stocken lassen.
4. Die Himbeeren waschen und bis auf einige schöne Beeren mit dem Puderzucker im Mixer pürieren und durch ein Sieb streichen.
5. Die Form kurz in heißes Wasser tauchen, die Terrine stürzen. Mit den Beeren und der Minze garnieren.
(auf dem Foto unten: rechts)

Erdbeer-Cocktail

Für 4 Portionen
Zubereitungszeit: ca. 25 Min.
ca. 135 kcal/565 kJ

125 g Erdbeeren
4 EL Campari
eisgekühlter, trockener Sekt
Zitronenmelisse

1. Die Erdbeeren waschen, vier sehr schöne Beeren beiseite legen. Die restlichen vom Stengelansatz befreien und pürieren.
2. Das Püree mit Campari mischen und 20 Minuten ziehen lassen. In vier Stiel- oder Longdrink-Gläser füllen und mit dem eisgekühlten Sekt auffüllen.
3. Die restlichen Erdbeeren und die Zitronenmelisse an den Glasrand stecken.
(auf dem Foto: links)

Feinschmecker-Tip

Sie können diesen Cocktail auch in größerer Menge als Bowle zubereiten.
Dann sollten aber zusätzlich ganze Erdbeeren oder Stücke darin sein.

Melonengelee

Für 4 Gläser
Zubereitungszeit: ca. 25 Min.
Pro Glas ca. 1055 kcal/4430 kJ

1 Wassermelone (ca. 2,5 kg)
Saft von 2 Zitronen
1 kg Gelierzucker
1 Bund frische Minze oder Zitronenmelisse
4 cl Wodka nach Belieben

1. Die Wassermelone in Achtel schneiden, das Fruchtfleisch aus der Schale lösen und die Kerne entfernen. Das Fruchtfleisch abwiegen, es sollte 1 Kilogramm sein.
2. Das Melonenfleisch in grobe Stücke schneiden und im Mixer pürieren. Den Zitronensaft dazugeben und mit dem Gelierzucker in einen großen Topf füllen.
3. Die Masse zum Kochen bringen, dabei ständig rühren und etwa 4 Minuten sprudelnd kochen lassen. Einen Teelöffel des Gelees auf einen kleinen Teller geben, abkühlen lassen und prüfen, ob die Masse schon geliert. Ist dies nicht der Fall, den Gelee noch einige Minuten kochen.
4. Die Minze abspülen, die Blättchen und nach Belieben den Wodka unter das Melonengelee heben. Das Gelee in vorbereitete Gläser mit Schraubverschluß füllen und noch heiß verschließen.
(auf dem Foto: Mitte)

Pikanter Tomatendrink

Für 1 Portion
Zubereitungszeit: ca. 8 Min.
ca. 130 kcal/545 kJ

¼ l gut gekühlter Tomatensaft
1 Knoblauchzehe
1 EL Zitronensaft
1 EL Crème double
Salz
gemahlener schwarzer Pfeffer
1 Msp. Cayennepfeffer
½ TL Paprikapulver, edelsüß
2 TL Schnittlauch, in Röllchen

1. Den Tomatensaft in einen Krug füllen.
2. Den Knoblauch schälen und durch die Presse dazudrücken.
3. Den Zitronensaft und die Crème double unterrühren. Den Drink kräftig mit Salz, Pfeffer und Cayennepfeffer und Paprikapulver würzen, in ein Longdrinkglas füllen, eventuell Eiswürfel dazugeben und mit Schnittlauch bestreuen.
(auf dem Foto: rechts)

BRUNCH – KERNIG UND GESUND

Vielseitig und frisch – unter dieses Motto haben wir die folgende Brunchidee gestellt. Ergänzend zu unserer Auswahl an Gerichten sollten Sie frisches Vollkornbrot und all das kombinieren, was für die Zubereitung eines Müslis wichtig ist: verschiedene Getreideflocken, Nüsse, frisches Obst, Milch, diverse Milchprodukte, wie Joghurt, Quark oder Buttermilch, und frisch gepreßte Säfte.

(Tomatentörtchen, Rezept S. 56)

Tomaten-Törtchen

Für 4 Portionen
Zubereitungszeit: ca. 20 Min.
Backofen auf 220 °C vorheizen
Backzeit: ca. 20 Min.
Pro Stück ca. 250 kcal/1050 kJ

150 g TK-Vollkornblätterteig
4 kleine Tomaten
2 Eier
50 g geriebener Appenzellerkäse
2 TL gehackte Petersilie, Salz
gemahlener schwarzer Pfeffer
frisch geriebene Muskatnuß

1. Den Blätterteig auftauen lassen und messerrückendick ausrollen.
2. Acht Förmchen (ca. 8 cm ∅) mit kaltem Wasser ausspülen und mit dem Teig auslegen, einen etwa 2 Zentimeter breiten Rand hochdrücken.
3. Die Tomaten überbrühen und häuten.
4. Die Eier gut verquirlen, den Käse und die Petersilie unterheben und mit Salz, Pfeffer und Muskatnuß abschmecken.
5. Die Tomaten achteln und dekorativ auf dem Teig verteilen. Mit der Eier-Käse-Mischung übergießen.
6. Die Törtchen bei 220 °C auf der untersten Schiene etwa 10 Minuten backen, dann für weitere 10 Minuten in die Mitte schieben und bei 200 °C fertigbacken. Heiß oder gekühlt servieren.
(auf dem Foto S. 54: vorn)

Lauchfrittata

Für 4 Portionen
Zubereitungszeit: ca. 20 Min.
ca. 245 kcal/1030 kJ

3 Lauchstangen (ca. 400 g)
4 EL Olivenöl
4 Eier
2 EL frisch geriebener Parmesankäse
2 EL Sesam
Salz
gemahlener schwarzer Pfeffer
frisch geriebene Muskatnuß

1. Den Lauch putzen, waschen und in feine Ringe schneiden. In einer mittelgroßen, möglichst beschichteten Pfanne in heißem Olivenöl anbraten und weichdünsten.
2. Die Eier in eine Schüssel schlagen, gut verquirlen, den Parmesan und den Sesam untermischen. Mit Salz, Pfeffer und Muskatnuß kräftig würzen.
3. Die Eiermasse über den Lauch gießen, verrühren und bei milder Hitze langsam stocken lassen. Nach etwa 8 Minuten die Frittata auf einen Teller gleiten lassen und in die Pfanne stürzen. Zugedeckt fertiggaren.
4. Die Frittata auf einen Teller gleiten lassen und in Viertel schneiden.
(auf dem Foto: oben)

Blinis mit Creme

Für 4 Portionen
Zubereitungszeit: ca. 45 Min.
Zeit zum Gehen und Quellen: ca. 65 Min.
ca. 420 kcal/1770 kJ

160 g Buchweizenmehl
1 TL Salz, 3 EL lauwarme Milch
10 g frische Hefe
1 TL Zucker, 1 Ei
knapp ¼ l Milch, 3 EL Öl
3 hart gekochte Eier
250 g Speisequark (20% Fett i. Tr.)
1 Bund Schnittlauch, 1 TL Salz
½ TL frisch gemahlener Pfeffer
1 EL Zitronensaft

1. Das Buchweizenmehl und Salz in eine Schüssel geben und in die Mitte eine Mulde drücken.
2. Die Milch mit der Hefe und dem Zucker mischen und hineingeben. An einem warmen Ort zugedeckt etwa 5 Minuten gehen lassen.
3. Dann das Ei, Milch und Öl hinzufügen, alles gut verrühren und etwa 1 Stunde quellen lassen.
4. Inzwischen die gekochten Eier schälen und fein hacken. Mit dem Quark, fein geschnittenem Schnittlauch, Salz, Pfeffer und Zitronensaft verrühren und kalt stellen.
5. Aus dem Teig in einer beschichteten Pfanne etwa 24 kleine Pfannkuchen backen und mit je einem Klacks Creme servieren.
(auf dem Foto: unten)

Spinatsalat mit Krabben

Für 4 Portionen
Zubereitungszeit: ca. 20 Min.
ca. 140 kcal/550 kJ

300 g Blattspinat
150 g Kirschtomaten
150 g Champignons
etwas Zitronensaft
150 g Krabben
5 EL Essig
1 TL scharfer Senf
Salz
gemahlener weißer Pfeffer
3 EL Öl

1. Den Spinat verlesen, dabei dickere Stengel abschneiden. Die Spinatblätter gründlich waschen und gut abtropfen lassen.
2. Die Kirschtomaten waschen und vierteln.
3. Die Champignons putzen, mit einem feuchten Tuch abreiben und in feine Blätter schneiden. Dies geht sehr gut mit einem Eierschneider. Sofort mit Zitronensaft beträufeln, damit sich die Pilze nicht braun verfärben.
4. Den Spinat mit den Tomaten und den Pilzen in eine große Salatschüssel geben und die Krabben hinzufügen.
5. Den Essig, den Senf, Salz, Pfeffer und Öl mit dem Schneebesen zu einer cremigen Marinade schlagen, über den Salat gießen und alles vorsichtig mischen.
(auf dem Foto oben)

Pochierte Eier mit Kerbel

Für 4 Portionen
Zubereitungszeit: ca. 15 Min.
ca. 180 kcal/765 kJ

6 EL Weißweinessig
1 l Wasser
1 Prise Salz
8 Eier
gemahlener weißer Pfeffer
frisch geriebene Muskatnuß
1 Bund frischer Kerbel

1. Den Weißweinessig mit dem Wasser und dem Salz in einem Topf aufkochen. Die Eier einzeln in eine Tasse aufschlagen, langsam in das Essigwasser gleiten lassen und bei milder Hitze in 4 Minuten garziehen lassen (pochieren).
2. Die Eier mit einem Schaumlöffel herausnehmen, mit Salz, Pfeffer und Muskatnuß würzen und auf einer Platte warm stellen.
3. Den Kerbel waschen, fein schneiden und vor dem Servieren über die pochierten Eier streuen.
(auf dem Foto unten: links)

Kerbelcreme

Für 4 Portionen
Zubereitungszeit: ca. 15 Min.
Kühlzeit mind. 1 Std.
ca. 160 kcal/680 kJ

400 g Doppelrahmfrischkäse
4 EL süße Sahne
1 Bund Radieschen
1 mittelgroße Zwiebel
3 kleine Knoblauchzehen
je 1 Bund Petersilie und Schnittlauch
1 Bund Kerbel
Salz
gemahlener weißer Pfeffer
1 Schuß Sojasoße

1. Den Frischkäse mit der Sahne glattrühren.
2. Die Radieschen waschen, die Zwiebel und den Knoblauch schälen, die Kräuter abspülen. Alles sehr fein hacken und mit dem Frischkäse mischen.
3. Die Kräutercreme mit Salz, Pfeffer und Sojasoße würzen und mindestens 1 Stunde in den Kühlschrank stellen.
(auf dem Foto unten: rechts)

Schoko-Kartoffel-Kuchen

Ergibt ca. 12 Stücke
Zubereitungszeit: ca. 25 Min.
Backofen auf 180 °C vorheizen
Backzeit: ca. 1 Std.
Pro Stück ca. 305 kcal/1280 kJ

250 g mehligkochende Kartoffeln
200 g Nougatmasse
125 g Butter oder Margarine
4 EL Honig
1 cm frische Ingwerwurzel
1 TL Zimt
70 g gemahlene Haselnüsse
2 Eier
150 g Vollkornmehl
2 EL Rum
1 TL Backpulver
Butter für die Form

1. Die Kartoffeln schälen und sehr fein reiben. In einem Tuch fest ausdrücken. Die Kartoffelmasse mit dem Nougat in eine Schüssel geben und alles gut miteinander verrühren.
2. Die Butter oder Margarine mit dem Zucker sehr schaumig rühren. Den Ingwer schälen, fein hacken und hinzufügen. Zimt, Haselnüsse, Eier, Mehl, Rum, Backpulver und die Kartoffel-Nougat-Masse nach und nach unterarbeiten.
3. Eine Kastenform (24 cm lang) einfetten und den Teig hineinfüllen. Den Kuchen bei 180 °C knapp 1 Stunde backen und gut auskühlen lassen.
(auf dem Foto: links)

Exotischer Obstsalat

Für 4 Portionen
Zubereitungszeit: ca. 20 Min.
Kühlzeit: ca. 30 Min.
ca. 225 kcal/930 kJ

1 kleine Ananas
1 Apfel, 1 Birne
3 EL Zitronensaft
1 Banane
1 Kiwi
4 EL Rum
je 3 EL geröstete Kokosflocken und Sonnenblumenkerne

1. Den Blätterschopf der Ananas abschneiden, und die Frucht sorgfältig mit einem scharfen Messer schälen. Die Frucht in etwa ½ Zentimeter dicke Scheiben schneiden und das innere holzige Stück herausschneiden. Die Scheiben vierteln und in eine Schüssel geben.
2. Den Apfel und die Birne vom Kernhaus befreien und in kleine Würfel schneiden. Mit Zitronensaft beträufeln und in die Schüssel geben.
3. Die Banane und die Kiwi schälen, in feine Scheiben schneiden und zu dem übrigen Obst geben.
4. Das Obst mit Rum beträufeln und die Schüssel mit Alufolie abgedeckt etwa 30 Minuten in den Kühlschrank stellen.
5. Zuletzt die Kokosflocken und die Sonnenblumenkerne über den Obstsalat streuen.
(auf dem Foto: oben)

Kefir-Kirsch-Gelee

Für 4 Portionen
Zubereitungszeit: ca. 20 Min.
Kühlzeit: mind. 2 Std.
ca. 270 kcal/1125 kJ

600 g Kirschen
3 EL Zucker
3 EL Kirschwasser
12 Blatt weiße Gelatine
¾ l Kefir
1 Bund Zitronenmelisse

1. Die Kirschen waschen und entsteinen. Einige schöne Früchte zum Garnieren beiseite legen.
2. Die übrigen Kirschen zuckern, mit Kirschwasser beträufeln und 30 Minuten zugedeckt ziehen lassen.
3. Die Gelatine 10 Minuten in kaltem Wasser einweichen. Die marinierten Kirschen im Mixer pürieren und mit dem Kefir mischen.
4. Die Gelatine ausdrücken und in einem kleinen Töpfchen bei milder Hitze auflösen. Bitte nicht kochen!
5. Die gelöste Gelatine unter die Kirschen-Kefir-Mischung rühren. In eine mit kaltem Wasser ausgespülte Glasform füllen und mindestens 2 Stunden im Kühlschrank stocken lassen.
6. Den Gelee stürzen und mit den restlichen Kirschen und den Melisseblättchen garnieren.
(auf dem Foto: unten)

Kaltgerührte Erdbeer-marmelade

Für 2 Gläser à ¼ l
Zubereitungszeit: ca. 25 Min.
Pro Glas ca. 1135 kcal/4765 kJ

500 g Erdbeeren
500 g Gelierzucker
5 EL Campari

1. Die Erdbeeren waschen, sehr gut abtropfen lassen und vom Stengelansatz befreien.
2. Die Beeren mit dem Gelierzucker 15 Minuten im Mixer fein pürieren. Den Campari hinzufügen und die Marmelade in Gläser füllen.

Wollen Sie die Marmelade mit dem Handrührgerät zubereiten, zerdrücken Sie die Beeren mit einem Stampfer, streichen sie durch ein Sieb und mischen das Püree mit dem Zucker. Rühren Sie diese Mischung so lange (30 bis 40 Minuten), bis sich der Zucker vollständig aufgelöst hat. Die Marmelade sollte möglichst rasch verzehrt werden; sie ist gekühlt und in einem geschlossenen Behältnis nur etwa 4 Wochen haltbar.
(auf dem Foto: links)

Melon Milky mit Minze

Für 1 Portion
Zubereitungszeit: ca. 10 Min.
ca. 280 kcal/1190 kJ

¼ reife Cantaloupemelone
¼ l eisgekühlte Milch
1 TL Zitronensaft, 1 Minzzweig

1. Die Melone halbieren, von den Kernen befreien.
2. Das Fruchtfleisch auslösen und mit der Milch im Mixer pürieren. Den Zitronensaft hineinrühren, in ein Glas füllen und mit Minze garnieren.
(auf dem Foto: rechts)

Rezeptverzeichnis

Abkürzungen:

EL	= Eßlöffel
cl	= Zentiliter
cm	= Zentimeter
g	= Gramm
kg	= Kilogramm
l	= Liter
ml	= Milliliter
Msp.	= Messerspitze
TK	= Tiefkühl...
TL	= Teelöffel

Kalorien-/Jouleangaben:
Alle Kalorien-/Jouleangaben in diesem Buch beziehen sich, falls nicht anders angegeben, auf eine Portion des jeweiligen Gerichtes.
Die Zubereitungszeit umfaßt die Vorbereitungs- sowie die Garzeit, falls keine gesonderten Angaben erfolgen.

Elektrobackofen	Gasherd
150 °C/160 °C	Stufe 1
175 °C/180 °C	Stufe 2
200 °C	Stufe 3
220 °C/225 °C	Stufe 4
240 °C	Stufe 5
250 °C	Stufe 6

„FALKEN Feinschmecker“ ist eine exquisite Kochbuchreihe, deren Bände immer einem besonderen Thema gewidmet sind. So kommt jeder Genießer auf seine Kosten. Fragen Sie Ihren Buchhändler.

CIP-Titelaufnahme der Deutschen Bibliothek

Adam, Cornelia:
Statt Breakfast und Lunch: Brunch / Cornelia Adam. – Niedernhausen/Ts.: FALKEN, 1989
(FALKEN Feinschmecker)
ISBN 3-8068-1033-8

ISBN 3 8068 1033 8

Titelbild und Fotos: Brigitte Harms, Hamburg
Foodstyling: Ulli Rahn-Molzen/Irmtraud Oppermann
Requisite: Ulli Rahn-Molzen/Jutta Jesse (Buffets)
Titelfoto: Crêpes mit Himbeerquark S. 29; Spargelsalat S. 47; Erdbeerbowle S. 52 (siehe Feinschmecker-Tip zu Erdbeercocktail)
Gesamtproduktion: Falken-Verlag GmbH, D-6272 Niedernhausen/Ts.

817 2635 4453 6271